Bildnachweis: alle Fotos Bildarchiv der Österreichischen Nationalbibliothek, mit Ausnahme der Bilder auf den Seiten 12 links, 42 oben, 52 oben, 60 unten, 64 links und 69 oben, verlagsbüro wien.

ISBN 3-8000-7177-0

Redaktion: Carola Leitner und Kurt Hamtil

Gestaltung: verlagsbüro wien | Kurt Hamtil
Coverfoto: Bildarchiv der Österreichischen Nationalbibliothek

Druck: Druckerei Theiss GmbH, A-9431 St. Stefan
7 6 5 4 3 2 1

Ueberreuter im Internet: www.ueberreuter.at

WIENS 19. BEZIRK

Döbling

IN ALTEN FOTOGRAFIEN

UEBERREUTER

INHALT

Döbling

Der Bezirk Döbling war bereits vor ungefähr 5000 Jahren besiedelt. Auf dem Leopoldsberg soll einst ein wehrhaftes Dorf mit einem Wehrturm gestanden haben. Die Menschen der damaligen Zeit lebten vom Weinbau und der Landwirtschaft. In Sievering befand sich zur Römerzeit ein großer Steinbruch mit einer größeren Arbeitersiedlung.

Um das Jahr 1114 als Tobilic (Töblich) erwähnt, bildete es bis 1891 zwei selbstständige Gemeinden, Oberdöbling und Unterdöbling. Diese beiden Gemeinden waren durch den Krottenbach voneinander getrennt. 1892 wurden Ober- und Unterdöbling mit Sievering, Grinzing, Heiligenstadt, Nussdorf, Kahlenbergerdorf und Josefsdorf zum 19. Bezirk vereinigt. Erst viel später, im Jahre 1938, kamen noch Salmannsdorf und Neustift vom 18. Bezirk hinzu.

Während der Türkenbelagerungen um 1529 überrannten die türkischen Soldaten im Zuge der Ersten Wiener Türkenbelagerung die Dörfer Döblings. 1679 forderte die Pest in den Dörfern ebenso zahlreiche Opfer wie die im Sommer 1683 begonnene Zweite Türkenbelagerung. In der zweiten Hälfte des 18. Jahrhunderts erfuhr Döbling einen steten Aufstieg. Durch die Nutzung des Gebietes als kaiserliches Jagdgebiet wurde das Gebiet nun auch für den Adel und die Wiener Bürger attraktiv. Gutsituierte Wiener bauten sich hier ein „Zweitwohnhaus“. So wurde hier der Grundstein für eine Sonderentwicklung des Vorortes gelegt.

Mit den Napoleonischen Kriegen brachen schwere Zeiten für das Gebiet an. Nach dem Sieg in der Schlacht um Ulm 1805 fiel die französische Armee in Wien ein und plünderte die Dörfer.

Nach dem Wiener Kongress begann die ordentliche Vermessung, die Arbeiten dauerten von 1817 bis 1819 des Döblinger Gebietes. Sie endeten mit der Einführung der Katastralgemeinden und der Fixierung der Ortsgrenzen. Das Wachstum sorgte für einen ersten Aufschwung in den bäuerlichen Dörfern in Gewerbe und Industrie. Nebenbei entwickelten sich die Orte Döblings zu beliebten Ausflugszielen der Wiener. Um 1850 sorgte die nun aufkommende Beliebtheit der Sommerfrische für einen wahren Wachstumsboom der Döblinger Dörfer.

Ab 1872 entstand durch die allmähliche Verbauung des Gebietes zwischen Döbling und Währing ein vornehmes Villenviertel. Nach der Fertigstellung der 2. Wiener Hochquellwasserleitung im Jahre 1910 wurden die meisten Häuser an die Wasserleitung angeschlossen. Bis dahin waren die Menschen nur über Brunnen und Trinkwasserwagen versorgt worden.

Nach dem Ersten Weltkrieg begann die Schaffung von leistbarem Wohnraum. Die sozialdemokratische Stadtregierung plante den Bau von billigen Gemeindewohnungen, größtes und bekanntestes Projekt dieser Planung ist der Karl-Marx-Hof.

Der Zweite Weltkrieg brachte Zerstörung und Chaos. Besonders schwer betroffen war der Bahnhof Heiligenstadt und die Hohe Warte. In der Nachkriegszeit war der 19. Bezirk amerikanische Besatzungszone.

Die Lage des 19. Bezirks weist die größten Höhenunterschiede von allen Bezirken der Stadt auf. Hier befindet sich der höchste Punkt von Wien, der Gipfel des Hermannskogels, der 543 Meter über dem Meeresspiegel liegt. Hingegen liegt die Kreuzung der Boschstraße und der Grinzinger Straße auf nur 165,5 Meter. Am Verlauf der Döblinger Gassen und Straßen lässt sich erkennen, wie sich das Gelände in mehrere Stufen bzw. Terrassen, von den Höhen des Wienerwaldes bis hin zur Donau, absenkt.

Döbling

Die Einwohnerschaft von Döbling bestand zunächst fast ausschließlich aus Bauern, die für den Verkauf aber auch Wein und Getreide anbauten. Weitere Erzeugnisse waren Obst, Gemüse und Milchprodukte. Unterdöbling hieß zunächst Chrottendorf, erst im 15. Jahrhundert soll der Name Unterdöbling aufgekommen sein. Die Trennung der Orte Oberdöbling und Unterdöbling ist 1591 erstmals urkundlich erwähnt.
Ein eigenes Siegel von Oberdöbling ist aus dem Jahre 1694 überliefert, das Siegel von Unterdöbling ist von 1688. Die Zweite Wiener Türkenbelagerung traf beide Orte schwer. Als 1713 die Pest nach Wien gelangte, kam Oberdöbling relativ glimpflich davon, Unterdöbling hingegen war stärker betroffen. Die Entwicklung von Unterdöbling blieb, wohl auch aufgrund der geringeren Fläche, hinter jener von Oberdöbling zurück.
Zu Beginn des 19. Jahrhunderts bildete der Weinbau keine große Rolle mehr in Oberdöbling, bedeutender waren der Acker- und Obstanbau. Auch siedelten sich in Oberdöbling diverse Fabriken und Firmen an, wie zum Beispiel die Sammet, Seiden- und Dünntuchfabrik, eine Hammerschmiede, die Döblinger Brauerei sowie die noch heute bestehende Sektkellerei Kattus. Der Anteil des Weinbaus war in Unterdöbling 1826 noch sehr hoch. Zum wichtigsten Industriebetrieb von Unterdöbling entwickelte sich die Insektenpulverfabrik Zacherl in der Nusswaldgasse. Der Neubau des Fabriksgebäudes durch Karl Mayreder in Form einer Moschee bescherte Unterdöbling das ungewöhnlichste Fabriksgebäude Wiens.
Am Theatergasthaus „Wendl“ am Währinger Spitz wurden derbe Possen, aber auch Stücke von Johann Nepomuk Nestroy aufgeführt. Hier spielten sogar Alexander Giradi und Max Reinhardt. Im Casino „Finger“ gaben einst Josef Lanner und Johann Strauß (Vater) Konzerte. Später übersiedelten die beiden Musiker in das 1837 gegründete Casino Zögernitz (Döblinger Hauptstraße 76). Es entwickelte sich zu einem der beliebtesten Casinos von Wien. In den 1960er Jahren wurde das Gebäude in ein Hotel mit Restaurant umgewandelt.
Ein zentraler Bau Unterdöblings ist das Karmeliterkloster in der Silbergasse mit der dazugehörigen Kirche Hl. Familie. Auch einige ehemalige Weinhauerhäuser findet man noch in Unterdöbling.
Der Alte Döblinger Friedhof lag ursprünglich in Unterdöbling und wurde 1927 aufgelassen. Hier befanden sich die Grabstätten von Johann Strauß (Vater) und Josef Lanner, deren sterbliche Überreste später auf den Zentralfriedhof Wien umgebettet wurden. Der Neue Döblinger Friedhof wurde daraufhin in Oberdöbling an der Grenze zu Glanzing und Währing errichtet. Weiter im Süden, an der Grenze zu Währing, liegt heute auch der verbliebene Teil des israelitischen Friedhofs in Oberdöbling. Er ist der letzte Rest des aufgelassenen Währinger Friedhofs.

Karmeliterkirche, Konvent der Unbeschuhten Kirche:
Ansicht über die Silbergasse schräg von rechts, 1931.

Seite 10

Johann-Nepomuk-Kapelle: Die Aufnahme stammt aus dem Jahre 1901, nur knapp vor dem Umbau.

Seite 12

Das „Casino Zögernitz“ in der Döblinger Hauptstraße 76, um 1927 und heute.

Der schlicht elegante Speisesaal des Casinos.

Speisesaal
SPEISESAAL GARTEN
Casino Zögernitz

Seite 14

Das Restaurant „Holzer“ in der Silbergasse 12: der Speisesaal um 1930.

Die Villa „Wertheimstein“ in der Döblinger Hauptstraße 96: das Ferdinand-von-Saar-Zimmer.
Heute beherbergt die Villa das Bezirksmuseum Döbling.

Die Döblinger Hauptstraße 76 und folgende: Rechts vorne im Bild das „Gasthaus zum weißen Kreuz“ in einer Aufnahme um die Jahrhundertwende.

Gasthaus zum weißen Kreuz.
Restaurant

Seite 19

Die Billrothstraße in einer Aufnahme um 1939.

Rudolfinergasse 6: das Sterbehaus des Dichters von Ferdinand von Saar.

Das Zacherl-Haus, erbaut von Karl Mayreder, ist das ungewöhnlichste Fabriksgebäude Wiens. Der vom Insektenpulver-Fabrikant Johann Zacherl in Auftrag gegebene Bau in Form einer Moschee ist auch heute noch zu bewundern.

Seite 20

Das Palmenhaus im Wertheimsteinpark um 1942.

Der Döblinger Friedhof: Blick auf eine Gräberreihe, 1935.

Seite 22

Hartäckerstraße 18: erste Residenz der amerikanischen M.E.C.-Mission in Österreich, 1953.

Die von Heinrich Ferstel erbaute Zentralanstalt für Meteorologie und Geodynamik, Hohe Warte 39.

Eine Aufnahme der Gartenseite des Klosters der Schwestern vom armen Kinde Jesu: Blick über den Garten gegen die Rückfront der Gebäude in der Hofzeile.

Seite 24

Döblinger Steg, Heiligenstädter Lände: Durchblick von einem Standort nach der Heiligenstädter Brücke den Donaukanal stromabwärts gegen den Döblinger Steg, 1953.

Der Döblinger Steg aus einiger Entfernung mit einem Schlepper im Vordergrund.

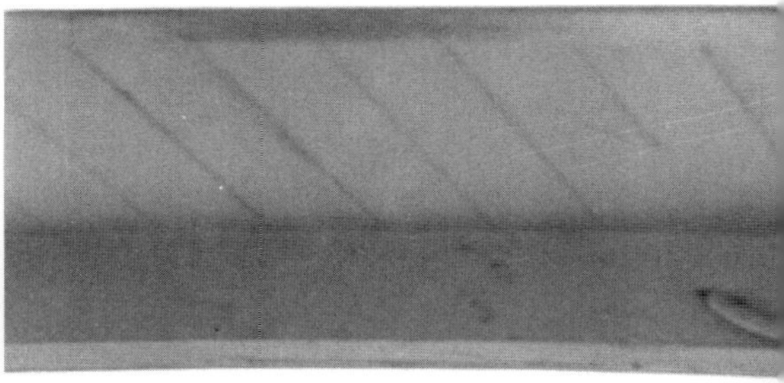

Nº I
Sarmingstein

Kloan Rockenbauer
14
D'Alt-Wiener
G'müatlichkeit
Kloan Rockenbauer
Grinzing, Sandgasse 14
Täglich:
Ferry Wagner

Seite 27

Sandgasse 14: Weinhauerhaus mit Heurigenausschank „Kloan Rockenbauer“, 1937.

In der Krim 10: Judas-Thaddäus-Kirche um 1960.

Der „Pestalozzihof“ (Philippovichgasse 2–4/Lißbauergasse/Billrothstraße), erbaut nach den Plänen der Architektin Ella Briggs in einer Aufnahme Ende der 20er Jahre.

Rechte Seite

Hohe Warte 8: „Dreamland“ – das Gelände der Döblinger Filmfabrik um 1925.

Seite 28

Der jüdische Teil des Döblinger Friedhofs: Gedenkfeier anlässlich des 30. Todestags von Theodor Herzl.

Billrothstraße 67: Kaiser Karl I. und seine Gemahlin Zita besuchen eine Kriegsküche.

Seite 30

Der Pfarrhof der St.-Jakobs-Kirche am Pfarrplatz 3 um 1902.

Rechte Seite

Döblinger Hauptstraße 33: Wohnhaus des Fürsten Kaunitz, 1902.

Billrothstraße 62: das Wohnhaus Ludwig van Beethovens, in einer Aufnahme übers Eck mit Teil der Front Pyrkergasse 2, 1903.

OPAWA

Alexander Wolf

Feigencafe Brennerei

Seite 33

Gebäude in der Hardtgasse 7: „Feigencafé Brennerei“ um 1905.

Döblinger Hauptstraße 94: Hof mit einem Taubenschlag um 1906.

Idyllische Landschaft im Park Wertheimstein.

Nächste Seite
Josef Kell's „Gasthaus zum Auge Gottes“ in der Döblinger Hauptstraße.

Gattungen
Ausschank
Gattungen
Weine

Ober-Döbling

Grinzing

Erstmalige urkundliche Erwähnung fand Grinzing 1114 als Grinzigan. Der Name Grinzing ist ein -ing Name, er bezeichnet die Zugehörigkeit von Menschen zu einem Sippenoberhaupt. Grinzing leitet sich daher von der Bedeutung „bei den Leuten, die zu einem Mann mit dem Namen Grinzo gehören“ ab.

Das Dorf Grinzing fiel im 11. Jahrhundert an das Geschlecht der Grunzingen. Diese erbauten den später so genannten Trummelhof, von dem bis heute Reste im Haus Cobenzlgasse 30 erhalten sind. Dieser ehemalige Herrensitz bezieht seinen Namen daraus, dass er angeblich auf einer römischen Ruine erbaut wurde. Im 12. Jahrhundert war Grinzing bereits ein florierendes Dorf. Die Bewohner waren Weinbauern oder Tagelöhner, die im Dienst der Klöster und reicher Wiener Bürger standen. Das Geschlecht der Grunzingen starb mit Rüdiger von Gründsing, dem letzten seines Geschlechts, im 14. Jahrhundert aus. Er wurde 1350 in der Wiener Minoritenkirche begraben. Grinzing stand unter der Gerichtsbarkeit des Stiftes Klosterneuburg, das die Grundobrigkeit über den Ort bis ins 19. Jahrhundert bewahren konnte. 1426 wurde die Kirche „Zum heiligen Kreuz“ errichtet.

Der Ort litt immer wieder unter starken Verheerungen. 1484 von Matthias Corvinus verwüstet, 1529 wüteten die Türken. Zu allem Übel zerstörte ein Großbrand Teile des Ortes 1604. 1683 fielen erneut die Türken ein. Trotz dieser Widrigkeiten entwickelte sich Grinzing am besten von den umliegenden Dörfern. Als 1713 die Pest den Ort heimsuchte, traf das die Einwohner schwer. Mehr als die Hälfte der Häuser war verseucht, 129 Menschen starben. Wie auch die anderen Orte hat die Seuche das Wachstum der Stadt stark gehemmt. In der Folgezeit entwickelte sich Grinzing nur langsam. Zu Beginn des 19. Jahrhunderts setzte jedoch wieder ein vermehrtes Wachstum ein.

Im Jahre 1892 wurde Grinzing schließlich bis zum Kamm des Wienerwaldes mit all den anderen Teilen des heutigen 19. Wiener Gemeindebezirks zusammengefasst. Der Rest von Grinzing kam an Weidling.

Als Sehenswürdigkeiten sollten vor allem die Grinzinger Pfarrkirche und die Kaasgrabenkirche Erwähnung finden, ebenso wie die zahlreichen Heurigen. Von besonderer Bedeutung ist und war in Grinzing der Weinbau, aber auch das Brauwesen spielt eine Rolle.

Im Wienerwald liegen weiters die Habsburgwarte auf dem Hermannskogel sowie das Karl-Lueger-Denkmal und das Restaurant „Cobenzl“ am Reisenberg.

Einsamer Zecher beim „Berger-Toni“ in Grinzing um 1938.

CAFÉ
Keine
Einfahrt

Seite 40

Vorherige Seite

Himmelstraße: Dachaufnahme vom Hengl-Café „Rudolfshof“ gegen die Grinzinger Kirche Mitte der 30er Jahre.

Seite 41

Verkehrsbild mit Radfahrerin der Himmelstraße: Blick auf die Grinzinger Kirche, 1937.

Noch unverbaute Straße in Grinzing, rechter Hand die Kaasgrabenkapelle, 1920.

Sickenberggasse 1: Hofaufnahme des Maria-Theresien-Schlössls um 1901.

Die Grinzinger Straße 45, Ecke Hohe Warte heute.

Rechte Seite
Gebäude in der Grinzinger Straße, Ecke Hohe Warte 45 um 1925.

Himmelstraße 2: Gartenidyll auf dem Grinzinger Ortsplatz, 1903.

DURCHFAHRT
VERBOTEN!

2

Die im neubarocken Stil erbaute Kaasgrabenkirche, auch Wallfahrtskirche „Maria Schmerzen“ genannt, mit dem Kahlenberg links oben im Bild, 1929.

Seite 46

Innenhof eines Alt-Grinzinger Hauses: mit Blick auf das Rundbogentor und eine Heiligenstatue.

Armbrustergasse 6: Vorderfront eines Gartenhauses aus dem 18. Jahrhundert. Abgebrochen 1910, in einer Aufnahme um 1906.

Seite 48

Sportplatz Hohe Warte: Der Austria-Tormann Lohrmann „küsst den Ball“, 1925.

Freilichtbühne Hohe Warte: mit aufgebauter Dekoration für die Oper „Aida“ von Giuseppe Verdi (1813–1901), 1922.

Rechte Seite

Rhönradvorführung auf dem Sportplatz Hohe Warte.

Schokolade SUCH
RADIO
TELEFUNKEN
enzin

Heiligenstadt

Die allererste Erwähnung fand der Ort 1120, damals jedoch als St. Michael. Der Name Heiligenstadt leitet sich vermutlich noch aus den heidnischen Zeiten ab, als in diesem Gebiet ein heiliger Ort lag. Es ist bis heute ungeklärt, worauf sich die bezeichnete heilige Stätte bezieht. Erst Ende des 12. Jahrhunderts taucht der Zusatz Sanctum Locum (Heiligenstadt) in den Urkunden auf.
Heiligenstadt ist ein uraltes Siedlungsgebiet, das Mauerreste, die einen Wehrturm des Limes bildeten, belegen. Weiters fanden sich bei Ausgrabungen in der Heiligenstädter Kirche ein römischer Friedhof sowie ein in der Nähe gelegenes Awarengrab aus dem 6. Jahrhundert. Um 900 begannen die Franken mit der Besiedlung von Heiligenstadt. Die Bewohner waren Bauern. Bis heute liegen am Hügelabhang zur Heiligenstädter Straße die Kellereien der Weingroßhändler. Im Mittelalter war Heiligenstadt ein reicher Ort. Bereits im Jahre 1318 findet eine Schule urkundliche Erwähnung. Dabei handelt es sich aller Wahrscheinlichkeit nach um die einzige weit und breit. Heiligenstadt litt jedoch wie alle Vororte von Wien stark unter den Verwüstungen ab dem 15. Jahrhundert. Die Blutgasse erinnert an das türkische Gemetzel von 1683, dem eine große Zahl der Bewohner zum Opfer fielen. Die Verwüstungen waren verheerend, die Wirtschaft erholte sich erst im 18. Jahrhundert. Zum Aufschwung des Ortes trug das Ende des 18. Jahrhunderts errichtete öffentliche Badehaus bei. Im 19. Jahrhundert erwarb sich Heiligenstadt einen Ruf als Sommerfrischeort. Reiche Wiener Bürger siedelten sich an und in den Sommermonaten wurde der Ort von Touristen frequentiert. Auch Ludwig van Beethoven lebte zeitweise in Heiligenstadt, hier schrieb er sein Heiligenstädter Testament.
Nach dem Ersten Weltkrieg war man bemüht, die desaströsen Wohnverhältnisse der Arbeiter zu verbessern. Der riesige Karl-Marx-Hof wurde vom Otto-Wagner-Schüler und Stadtbaumeister Karl Ehn errichtet.
Ende des 18. Jahrhunderts siedelten sich hier die ersten Industriebetriebe an. So entstand in der Heiligenstädter Straße 135 im Jahre 1790 eine Schwefelsäurefabrik. Weitere bedeutende Betriebe waren die Parketterzeugung Barawitzka, später Engel (1838–1932), die Maschinenfabrik Heinrich (1840–1964) und die heute noch in Niederösterreich bestehende Just-Leitern-AG (gegründet 1885) in der Heiligenstädter Straße 125.
Der Wirtschaftsstandort zwischen der Heiligenstädter Straße und Donaukanal wurde gefördert, indem man diesen zum Industriegebiet umwidmete. Im Herzen von Heiligenstadt gab es neben einer Kaffeerösterei eine Malz- und Feigenkaffeeerzeugung sowie eine Weinkellerei und eine Pralinenfirma.

Greinergasse 19: Schlösschen mit Einfahrtstor in einer Gesamtaufnahme von 1901.

Heiligenstädter Straße 107: Heute steht hier ein Wohnhaus.

Das Beethovenhaus in der Probusgasse 6: Aufnahme des Hofs in den 30er Jahren.

Rechte Seite
Heiligenstädter Straße 107: Das barocke Mansardendachhaus mit Vorgarten beherbergte das „Bierdepot der k.k. Hofbrauer Nussdorf“.

Gartenfront mit Büste Karls VI. des Giebelhauses in der Heiligenstädter Straße 293 um 1912.

Bier-Depot der K.K. Hofbrauer-Nussdorf

Probusgasse 6: Innenhof mit Außentreppe, gedecktem Gang und Bewohnern um 1902.

Seite 56

Das Beethoven-Haus in der Probusgasse 6: Fassade schräg von links, mit Blick gegen die Armbrustergasse.

Grinzinger Straße 64: Nahaufnahme von 1902. Wohnhaus Franz Grillparzers und Ludwig van Beethovens.

FRANZ GRILLPARZER
64

Schrittfahren
oder 5 fl.
Strafe
Eier Butter

Seite 59

Kahlenberger Straße 4: Haus „Zum Auge Gottes“ in einer Gesamtaufnahme von links. Rechts im Bild oben eine Tafel: „Schrittfahren oder 5 fl. Strafe“.

Greinergasse 31: altes Giebelhaus mit anschließendem Wirtschaftsgebäude, 1901.

Seite 60

Stadtbahnstation Heiligenstadt, Heiligenstädter Platz (heute 12.-Februar-Platz) um 1963 und heute.

Rechte Seite

Der von Karl Ehn geplante und unter der Gemeinde Wien als Bauherrin errichtete Karl-Marx-Hof: Mittelrisalit mit Bronzestatue „Der Sämann“ von Otto Hofner (1928) um 1933.

Hochwasserkatastrophe an der Donau: Fahrzeuge kämpfen sich durch die überflutete Heiligenstädter Straße beim Kahlenbergerdorf.

KARL·MARX·HOF

Sievering

Urkundlich erwähnt wurde Sievering im Jahre 1114 als Sufringen. Später wandelte sich der Name über Suueringan und Sivring zu Sievering. Bei dem Ortsnamen handelt es sich wie bei Grinzing um einen -ing Namen, er bezeichnet die Zugehörigkeit von Leuten, die zu einem Mann mit dem Namen Suver(o)/Sufr gehören.
Zur Zeit der Römer befand sich in Sievering ein großer Steinbruch, dessen Steine für das Militärlager Vindobona verwendet wurden. Es gab dort auch eine größere Arbeitersiedlung. 1897 wurde in der Sieveringer Straße 132 auch ein Mithräum freigelegt, das von der 10. Römischen Legion aufgestellt worden war.
Sievering hatte ebenso wie alle umliegenden Orte stark unter den Türkenkriegen zu leiden. Die Türkenbelagerungen hemmten die Entwicklung Wiens maßgeblich. 1713 suchte die Pest ganz Wien heim, in Obersievering waren nahezu alle Häuser verseucht, in Untersievering ebenso. Insgesamt verstarben in Sievering 267 Menschen. In der Folge der schlechten Verkehrsanbindung und des kühleren, feuchten Wetters entwickelte sich Obersievering viel schlechter als Untersievering. Nach 1789 wurden aufgrund von privaten Initiativen „am Himmel“ Wasserleitungen und Teiche errichtet, es wurden Obstbäume gepflanzt, Schafzucht betrieben und man errichtete weiters einen Park und eine Meierei. Schließlich wurden die beiden Orte 1832 vereinigt.
Um 1900 erfolgte die Verbauung der unteren Sieveringer Straße mit großen Zinshäusern. 1902 wurde die ehemalige Straßenbahnlinie 39 nach Sievering errichtet. Von Bedeutung war der Sieveringer Steinbruch, der bis 1921 Pflaster- und Schleifsteine lieferte. Sievering blieb lange Zeit als Sommerfrischeort unentdeckt. Ebenso entwickelten sich die Trauben im kühleren Bachtal langsamer als auf den umliegenden Hügeln. Dies kann auch auf die schlechten Verkehrsanbindungen zurückgeführt werden. Trotz der allmählichen Verbauung der umliegenden Hügel sind die beiden alten Ortskerne von Unter- und Obersievering heute noch gut erkennbar.

Die Kinderklinik in Glanzing:
Übersicht gegen den Eingang.

REICHSANSTALT
FÜR
MUTTER- UND SÄUGLINGSFÜRSORGE

Seite 64

Sieveringer Straße 103: Aufnahme von rechts mit Dreifaltigkeitssäulchen gegenüber, 1904 und heute.

Rudolf Wannenmacher
HALTESTELLE
STRASSENBAHN

Seite 66

Obersievering: Teilansicht vom Hang gegen Himmel, Steinbruch und das Pflegeheim „Bellevue“.

Ein Weinhauerhaus in der Agnesgasse 1: Heuriger im Hof um 1920.

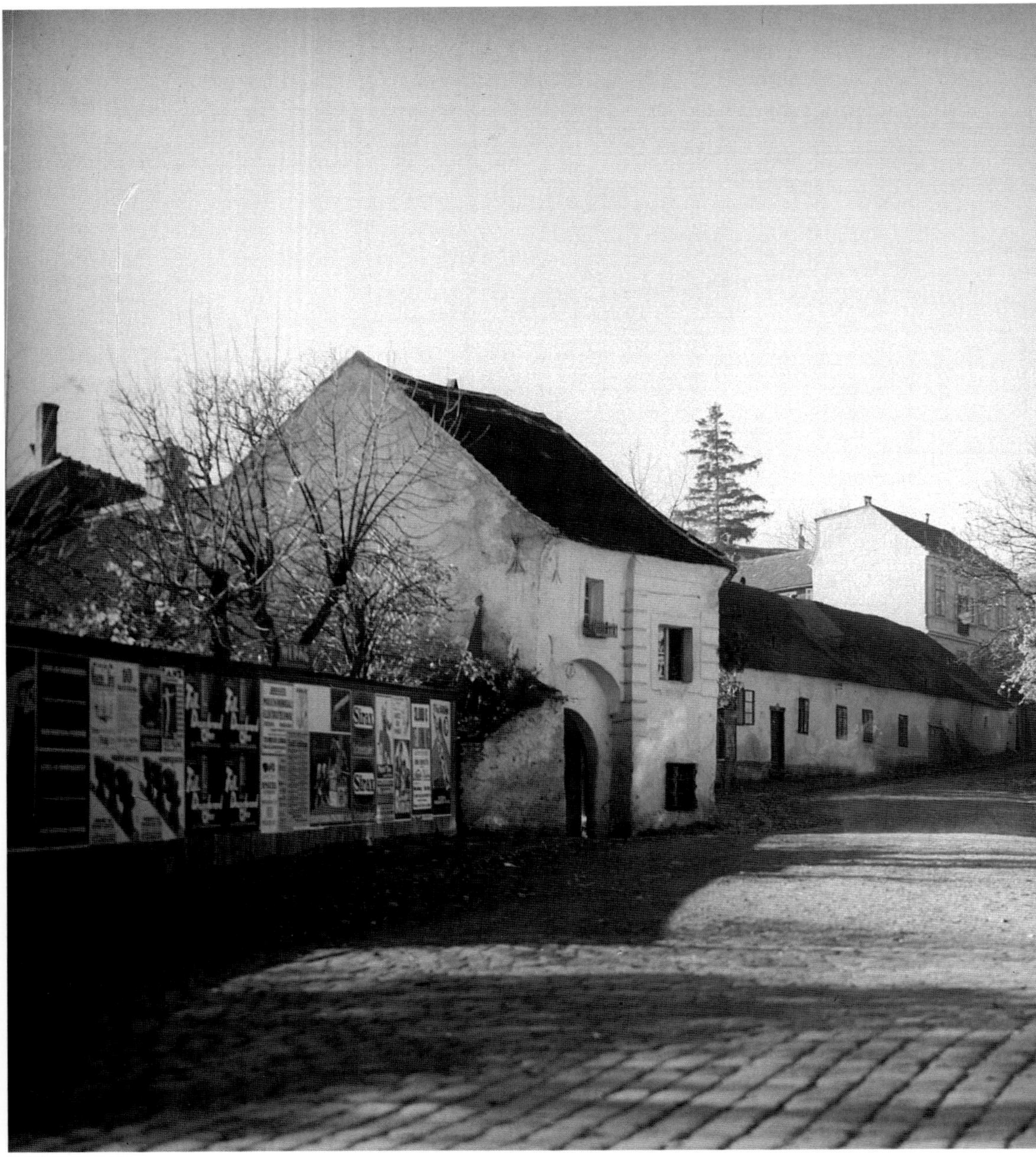

Seite 69

Obersievering: Durchblick mit Agnesgasse, 1926 und heute.

Nussdorf

Nussdorf wurde urkundlich erstmals 1114 in einer Urkunde des Stiftes Klosterneuburg als Nuzdorf genannt. Der Name leitet sich von den zahlreichen Nussbäumen und Haselnusssträuchern ab. Noch Anfang des 19. Jahrhunderts bestanden im Ort Nussbaumalleen. Eine andere Herleitung des Namens geht auf das slawischen Wort für „elend“ oder „dürftig“ zurück.
Der Weinbau war in Nussdorf wichtigste Einnahmequelle, die Bauern profitierten jedoch auch vom Fischfang. Durch den florierenden Weinbau und Handel kam Nussdorf zu Wohlstand. Ebenso gewinnbringend war das Fährrecht, das Recht zum Transport von Waren und Menschen über die Donau.
Im 15. Jahrhundert litt Nussdorf schwer unter den Zerstörungen der ungarischen Truppen. Die Türkenkriege 1529 und 1683 forderten ebenso viele Opfer wie die Plünderungen der Franzosen 1805 und 1809. Nussdorf erholte sich nur langsam von den Wirren und Verwüstungen. Durch die Franz-Joseph-Bahn auf den Kahlenberg im 19. Jahrhundert wurde Nussdorf zu einem beliebten Ausflugsziel der Wiener.
Zu Beginn des 19. Jahrhunderts bildete der Weinanbau eine bedeutende Einnahmequelle, aber auch der Nussdorfer Hafen war kein unerheblicher Wirtschaftszweig. Seit dem 16. Jahrhundert war er der wichtigste Donauhafen Wiens, da die dahinterliegende Schifffahrtsrinne sehr schmal war. Hier wurden von den großen Schiffen und Flößen auf kleinere Schiffe oder Wagen umgeladen und in die Stadt geliefert. Es gab in Nussdorf zahlreiche Gaststätten und Herbergen, die die Händler beherbergten. 1675 wurde eine Mautstelle eingerichtet. Handels- und Umschlagplatz war der heutige Nussdorfer Platz. Gehandelt wurde mit Getreide, Salz, Tieren und Tierprodukten, Obst sowie Ton- und Holzwaren. Nach der Donauregulierung 1870–1875 verlor der Hafen seine Bedeutung.
Ende des 18. Jahrhunderts entstanden in Nussdorf die ersten großen Gewerbebetriebe, eine Weinstein- und Weinessig-Fabrik, die auch Rum und Franzbranntwein erzeugte und bis Russland und Bayern exportierte. Im Jahre 1800 wurde die staatliche Salmiak- und Salzprodukt-Fabrik errichtet. In ihr wurde der Urin der umliegenden Gaststätten verarbeitet.
Ein weiterer bekannter Betrieb war die Nussdorfer Brauerei in der Hackhofergasse 9. Das Brauereigebäude war ursprünglich 1690 vom Jesuitenorden als Collegium für Studenten der Theologie erbaut worden. Als der Orden 1713 aufgelöst wurde, diente das Gebäude als Waffendepot, danach kam es in Privatbesitz. 1815 wurde das Haus verkauft und schließlich 1818 darin die Nussdorfer Brauerei gegründet. Die Brauerei wurde später zum Hoflieferanten und exportierte Bier bis nach Übersee. Nach der Übernahme durch die Schwechater Brauerei 1950 wurde die Brauerei 1965 bis auf die unter Denkmalschutz gestellte Hauptfront abgebrochen und mit Reihenhäusern verbaut.

Seite 70

Am Nussberg: Eichelhofstraße 4. Aufblick auf Bockkeller um 1938.

Seite 73

Nussdorfer Sporn. Donauhort: Blick von erhöhtem Standort stromaufwärts um 1938.

NUSSDORF
BÄDERVERKEHR
AGENTIE

Seite 75

Nussdorf: die DDSG-Anlegestelle vom Schiff aus gesehen, 1931.

Nussdorfer Strand mit Badenden und Dampfer am Fluss.

Rechte Seite

Nussdorfer Pfarrkirche (Thomaskirche) um 1919. In der Kirche befindet sich ein klassizistischer Tabernakel des bekannten Architekten Josef Kornhäusel (1782–1860) aus der Biedermeierzeit.

DONAUHORT.

Seite 77

Nussdorfer Wehranlage und Brücke: Sperrschiff bei Hochwasser; überflutet mit Behelfssteg, 1923.

Nussdorfer Panorama: Blick vom Hang auf Nussdorf, den Brigittaspitz und die Donaubrücken.
In der Bildmitte die alte Nussdorfer Schleusenanlage mit dem Sperrschiff um 1894.

Seite 78

Freihofgasse 1: Freihof mit Balkonportal um 1907.

Das Nussdorfer Bräuhaus.

Lehár-Schikaneder-Schlössl in der Hackhofergasse 18 (1932–44 Besitz Franz Lehárs). Westliche Straßenfront mit Portal und Korbgittern, 1901.

Wien, Nussdorfer Bräuhaus
STÄDT. STROM
SONNEN-
UND
LUFTBAD
NUSSDORF

Seite 80

Eroicagasse 2: Beethovens Wohnhaus 1817, in einer Aufnahme aus dem Jahre 1907.

Hackhofergasse 1: Das „Gasthaus zu den drei Adlern“ (1566; erneuert 1684), 1901.

XIX. Döbling
Hackhofer-Gasse
Lerch's Gasthaus zu den drei Adlern.
Gasthaus-Garten.
Eingang durch die Einfahrt.
Biere.
PILSNER BIER VOM FASS
WEINE

Kahlenberg

Im 12. Jahrhundert trat im Ort das Geschlecht der Chalenperger auf. Die erstmalige Erwähnung erfolgt 1133/36 als de Chalwenperge. Bereits Ende des 12. Jahrhunderts wurde der Weinbau am Kahlenberg im großen Stil betrieben. Der lokale Herzog und das Stift Klosterneuburg, das sogar eine eigene Weinpresse besaß, unterhielten viele Weingärten.

Es wurde auch Bergbau betrieben, urkundlich belegt ist er von 1547 bis 1618. Es ist hauptsächlich von Erz die Rede, später von Silber. Die Vorkommen auf dem Leopoldsberg dürften jedoch bald erschöpft gewesen sein.

Das Kahlenbergerdorf wurde 1529 durch die Türken zerstört. In der Zweiten Türkenbelagerung begann der polnische König Jan III. Sobieski vom Kahlenberg aus den Kampf gegen die Wien belagernden Türken.

Ursprünglich hieß der Kahlenberg „Sauberg“ oder „Schweinsberg“. Diesen Namen hatte der Berg von den zahlreichen Wildschweinen, die in den ehemaligen Eichenwäldern lebten. Ferdinand II. erwarb den Berg 1628 vom Stift Klosterneuburg und nannte ihn Josephsberg. Erst nachdem Leopold I. den ursprünglichen Kahlenberg in Leopoldsberg umbenannt hatte, erhielt der Sauberg den Namen Kahlenberg.

Aufgrund seiner Nähe zum Donauufer litt der Ort immer wieder unter starken Überschwemmungen. Die Anlage des Kuchelauer Hafens 1901–1903, eines Vor- und Wartehafens für die Einfahrt in den Donaukanal, brachte einen wirksamen Hochwasserschutz. Durch seine Abgeschiedenheit am Rande des Wientals zwischen der Donau und dem Leopoldsberg konnte sich das Kahlenbergerdorf sein ursprüngliches Ortsbild erhalten. Es wuchs nur langsam, möglicherweise führten auch die Überschwemmungen dazu, dass der Ort im 18. Jahrhundert schrumpfte. 1892 wurde das Kahlenbergerdorf bis zur Nase des Leopoldsberges gemeinsam mit den benachbarten Wiener Vororten Sievering, Grinzing, Oberdöbling, Unterdöbling, Nussdorf und Heiligenstadt zu Wien eingemeindet, die in der Folge den Bezirk Döbling bildeten. Der Rest des Kahlenbergerdorfes kam an Klosterneuburg.

Restaurant „Kahlenberg“: Ausflügler blicken von der Terrasse des neuen Restaurants auf Wien und die Donau, 1938.

Tabak-Trafik

Volksrestaurant
Krapfenwaldl

Seite 85

Die Habsburgwarte auf dem Hermannskogel um 1900.

Die Stefaniewarte in einer Aufnahme um die Jahrhundertwende.

Das Volksrestaurant „Krapfenwaldl".

Rechte Seite
Die Gartenfront der herrschaftlichen Villa Braun-Stammfest, 1935.

Seite 87

Das Schutzhaus auf dem Hermannskogel um 1900.

Der Bau der Höhenstraße: hier die Brücke über die Sieveringer Straße.

Zahnradbahn auf dem Kahlenberg: Station Nussdorf mit Dampftramway um 1900.

Seite 88

Das Kahlenbergerdorf gegen den Leopoldsberg um 1926.

Rechte Seite

Weinlese am Cobenzl im Weingut der Stadt Wien: Leser in der Stockkultur, 1952.

Das Tagwerk ist vollbracht: randvolle Putten auf der Ladefläche.

Seite 90

Die Villa Braun-Stammfest in winterlicher Seitenansicht um 1933.

Rechte Seite
Weinhauerhäuser in der Kahlenberger Straße 28–30 um 1907.

Greinergasse 21: ehemaliges Kloster, 1907.

21

Neustift

Der Name Neustift wurde 1330 erstmals urkundlich erwähnt und stammt vermutlich daher, dass nach dem Untergang des Ortes Chlainzings westlich eine neue Stiftung am Walde entstand.
Wie die benachbarten Siedlungen waren die Bewohner Neustifts Bauern und Weinbauern, die durch Türkenbelagerungen harten Prüfungen ausgesetzt waren. Eine besonders schlechte Weinernte zur Zeit Maria Theresias führte zu einem besonderen Brauch in der Gemeinde. Die Kaiserin erließ in einem Gnadenakt dem Ort die Steuern. Die Winzer überbrachten der Kaiserin aus Dankbarkeit daraufhin eine Heurigenkrone. Mit dem Auftrag, am 16. August, dem Jahrestag des Kirchenpatrons Rochus von Montpellier, einen Kirtag abzuhalten, kam die Krone nach Neustift zurück. Sie wird heute im Kronenstüberl der Familie Escher aufbewahrt.
Im Jahre 1713 wütete die Pest in Neustift. Durch die vermehrte Beliebtheit der Wiener als Sommerfrische erlebte Neustift Mitte des 19. Jahrhunderts einen Aufschwung. Trotz des Zustroms blieb es ein beschaulicher Ort. Heute ist Neustift ein beliebtes Heurigeneinzugsgebiet. Jeden Herbst findet in Gedenken an den Steuererlass Maria Theresias ein vielbesuchter Kirtag statt.
Erstmals urkundlich erwähnt wurde Salmannsdorf 1279 als Salmanstorf. Der Name wird vom Personennamen Salman(n) oder dem Berufsnamen des Salman, einem Treuhänder oder Schreiber des Salbuches (Grundbuch), abgeleitet. 1892 wurde Salmannsdorf, ebenso wie Neustift, Währing eingegliedert und 1938 zu Döbling.
Die Lage des Ortes lässt auf eine planmäßige Anlage des Dorfes schließen, wobei sich der Ort zu einem typischen Weinhauergassendorf entwickelte. Türken und Pest wüteten schwer in Salmannsdorf. Ebenso verheerten zwei Großbrände die Gegend. Kaum hatte sich der Ort erholt, kam es 1713 zu einer neuerlichen Katastrophe: der Pest.
120 Jahre später hatte sich Salmannsdorf kaum weiterentwickelt. Erst durch die Sommerfrische, die den beschaulichen Ort für Gäste attraktiv werden ließ, kam es zu einem Aufschwung. Salmannsdorf war jedoch kein Sommeridyll für die Wohlhabenden, sondern eher Anlaufstelle für die weniger gut betuchte Wiener Gesellschaft. Unter den Besuchern befand sich zum Beispiel die Familie von Johann Strauß (Vater) 1829 bis 1832. Eine Gedenktafel am Haus der Dreimarksteingasse 13 erinnert noch heute daran, dass Johann Strauß (Sohn) hier seinen ersten Walzer geschrieben hat.

Neustift am Walde: O-Bus der Strecke Pötzleinsdorf–Salmannsdorf (eingestellt 1938).
Straßenbild gegen die Kirche in Neustift am Walde um 1935.

Seite 94

Am Dreimarkstein in Salmannsdorf: die Druckentlastungskammer der Wiener Wasserleitung, 1928.

Neustift am Walde: Blick durch die Straße hinab zur Kirche, 1928.

Döbling

Entstehung: erste bayerische Besiedlung in der Karolingerzeit um 800 n. Chr.
Fläche: 2490,0 ha
Grünfläche: 1289,0 ha
Baufläche: 811,5 ha
Einwohner: 64.030 (Volkszählung 2001)
Bezirksmuseum Villa Wertheimstein
1190, Döblinger Hauptstraße 96,
Tel.: 386 65 46
Berühmte Persönlichkeiten: Franz Werfel, Kolo Moser, Paula Preradovic, Karl Moll, Hugo Wolf, Rosa Albach-Retty u. a.

Wappen

Das Wappen des 19. Bezirks ist in neun Teile aufgegliedert. Die Grundfarben bestehen aus silber, blau, gold und rot. Silber überwiegt mit vier Mal, je zwei Schilde sind blau und gold und eines ist rot. Die Wappenschilde repräsentieren die neun ehemals selbstständigen Gemeinden Oberdöbling, Heiligenstadt, Unterdöbling, Nussdorf, Salmannsdorf, Neustift am Walde, Sievering, Kahlenbergerdorf und Grinzing.

Österreichische Nationalbibliothek

Bildarchiv

Das Bildarchiv der Österreichischen Nationalbibliothek ist mit mehr als eineinhalb Millionen Objekten die größte Bilddokumentationsstelle Österreichs.
Das Kernstück bilden über eine Million Fotografien, deren Themenspektrum von Porträts über Architekturfotografie, zeithistorische Dokumente, Alltagsbilder bis hin zu künstlerischen Aufnahmen reicht. Die grafische Sammlung umfasst heute mehr als 500.000 Druckgrafiken, Aquarelle und Zeichnungen, die Fideikommissbibliothek, die ehemalige kaiserliche Familienbibliothek, an die 117.000 Bände.

Über 50.000 Bilddokumente aus den wertvollen Beständen des Bildarchivs und der Sammlungen der Österreichischen Nationalbibliothek stehen digitalisiert in der Bilddatenbank des Archivs (www.bildarchivaustria.at) online für Forschung, kommerzielle und persönliche Verwendung zur Verfügung.

Sämtliche Recherchekataloge sind über Internet verfügbar (www.bildarchiv.at). Der digitale Wienkatalog bietet die Möglichkeit der Recherche zu mehr als 100.000 erfassten Fotografien und Grafiken zum Thema Wien. Die Suche kann nach Bezirken, Straßen, Hausnummern, aber auch nach bedeutenden Baulichkeiten und Themen ausgeführt werden. Auf Wunsch können fotografische Abzüge und digitale Kopien zur Verfügung gestellt werden.